BOEKANALYSE

AF126384

Ywein, de ridder met de leeuw

Chrétien de Troyes

BOEKANALYSE

Geschreven door Hadrien Seret
Vertaald door Nikki Claes

Ywein, de ridder met de leeuw

Chrétien de Troyes

CHRÉTIEN DE TROYES

FRANSE DICHTER

- **Geboren rond 1135.**

- **Stierf rond 1183.**

- **Opmerkelijke werken**:

  - *Erec en Enide* (rond 1170), roman

  - *Lancelot, of, De ridder van de kar* (rond 1177-1181), roman

  - *Perceval, of, Het verhaal van de Graal* (geschreven tussen 1181 en 1190), roman

Chrétien de Troyes werd geboren in de 12e eeuw. Mettertijd is hij een van de belangrijkste figuren van de middeleeuwse literatuur geworden. Als klerk van opleiding diende hij aan het hof van zijn beschermvrouwe Marie van Frankrijk (rond 1174-1204) voordat hij in dienst trad bij de graaf van Vlaanderen, Filips van de Elzas (1143-1191).

Hij is vooral bekend om zijn talenten als romanschrijver: hij schreef *Erec en Enide* rond 1170, *Cligès* rond 1176, *Ywein, de ridder met de leeuw* rond 1177, *Lancelot, of De ridder van de kar* rond 1177-1181 en *Perceval, of Het verhaal van de graal* tussen 1181 en 1190, hoewel het verhaal onvoltooid bleef. Het feit dat deze werken zich afspeelden in het universum van de ridders van Koning Arthur droeg bij aan hun ongelooflijke succes en speelde een rol in de popularisering van een genre dat voorheen relatief onbekend was. Hij bewerkte ook de mythen van Ovidius (Latijnse dichter, 43 v. Chr.-17/18) en componeerde twee hoofse liederen.

YWEIN, DE RIDDER MET DE LEEUW

EEN VAN DE EERSTE BOEKEN VAN DE FRANSE LITERATUUR

- **Genre**: roman

- **Referentie-uitgave**: Chrétien de Troyes (1914) *Ywein, de ridder met de leeuw*. Trans. Comfort, W.W. Londen: Everyman's Library.

- **1e editie**: 1177

- **Thema's**: zoektocht, moed, Bretagne, liefde, eer, ridders

Ywein, de ridder met de leeuw is een roman in octosyllabische verzen die rond 1177 werd gepubliceerd en de avonturen van Yvain vertelt. Via de hoofdpersoon, die verankerd is in het Arthur-universum, ontwikkelt Chrétien het idee van een ridder die altijd op zoek is naar zoektochten om zijn moed te bewijzen, maar niet aarzelt om de zwakken te helpen als de situatie daarom vraagt. De leeuw in het verhaal symboliseert zijn sportiviteit en morele oprechtheid. Hij kan echter geen manier vinden om eer en liefde te verenigen, en moet hard werken om dit euvel te verhelpen.

De originaliteit van de behandeling van de thema's van de roman en zijn ongelooflijke nalatenschap maken het tot een essentieel werk van de Franse literatuur uit de Middeleeuwen.

SAMENVATTING

Koning Arthur heeft zijn hofhouding bijeengeroepen om Pinksteren te vieren. Als het feest in volle gang is, wordt hij door de koningin naar haar vertrekken geroepen. Hij blijft zo lang bij haar dat hij in slaap valt. Buiten de kamer luisteren enkele ridders, waaronder Gawain, Yvain en de seneschal Kay, naar Yvains neef, Calogrenant, die hen een beschamend verhaal vertelt over iets dat hem is overkomen. Zeven jaar geleden ontmoette hij tijdens een zoektocht een vreemde, primitief uitziende man die stieren bewaakte en hem vertelde dat er een open plek was met een magische fontein in het hart van het woud van Broceliande. Volgens de man kon het water van deze fontein een krachtige storm veroorzaken als een kleine hoeveelheid ervan op de steen ernaast werd gegoten. Geïntrigeerd ging Calogrenant op zoek naar de fontein en veroorzaakte, na het advies van de vreemde man te hebben opgevolgd, een ramp. Onmiddellijk daarna arriveerde een ridder die hem uitdaagde en beweerde dat zijn eigendom door de storm was beschadigd. Na een grondige aframmeling keerde Calogrenant terug naar Arthurs hof en deed alsof hij gek was om oneer te voorkomen.

Vanwege hun gedeelde bloed besluit Yvain Calogrenant te wreken. Tegelijkertijd is Arthur, die het verhaal van de koningin te horen krijgt, van plan dit wonder met eigen ogen te gaan aanschouwen. Yvain heeft geen zin om met de koning, die over twee weken wil vertrekken, mee te reizen. Hij bereikt het en veroorzaakt een storm. De ridder verschijnt opnieuw en daagt hem uit, maar Yvain weet hem te verslaan en verwondt hem daarbij dodelijk. Nadat hij zijn vluchtende tegenstander heeft achtervolgd, wordt Yvain gevangen genomen in zijn kasteel.

Net wanneer hij de dood nabij lijkt, krijgt Yvain de onverwachte hulp van Lunete, de dienares van de vrouw van de verslagen ridder. Zij geeft hem een ring die de drager ervan onzichtbaar kan maken. Hierdoor kan de ridder ontsnappen aan de menigte dorpelingen die hun inmiddels overleden heer komen wreken. Deze ervaring laat echter zijn sporen na bij Yvain: hij wordt verliefd op de dame van het kasteel, die later Laudine de Landuc blijkt te zijn. Omdat Yvain niet bereid is een manier te bedenken om haar het hof te maken, bedenkt Lunete een plan voor hem om de gunst van de dame te winnen, en uiteindelijk trouwen de twee.

Enige tijd later arriveert Arthur bij de borrelende fontein en veroorzaakt een nieuwe storm. Yvain, die nu de kasteelheer is, daagt de koning uit, die Kay toestaat namens hem te vechten. Yvain verslaat de seneschal met gemak, waarna hij Arthur vertelt wie hij is en wat er met hem is gebeurd. Ze trekken naar het kasteel, waar een groot feest wordt georganiseerd. Tijdens het banket verwijt Gawain Yvain dat hij al zijn aandacht aan zijn vrouw geeft ten koste van zijn dapperheid: hij stelt voor dat hij met hem naar het toernooi gaat om zijn reputatie te herstellen. Laudine de Landuc gaat akkoord op één voorwaarde: dat hij over een jaar terugkeert naar het kasteel. Yvain accepteert dit verzoek en vertrekt met Gawain. Hij wint vele steekspelen, zodanig dat hij de belofte aan zijn vrouw vergeet. Als hij beseft wat hij heeft gedaan, is er al anderhalf jaar verstreken. Een boodschapper van zijn vrouw komt hem vertellen dat hun relatie voorbij is.

Dit nieuws maakt Yvain gek. Hij begint naakt in het bos te leven en overleeft alleen dankzij een vriendelijke kluizenaar. Op een dag, terwijl hij in een struikgewas ligt te slapen, herkent een dienares hem. Zij weet zijn waanzin te genezen dankzij een magische zalf van haar meesteres, de dame van Noroison. Terwijl hij herstelt in het land van zijn weldoener, worden ze aangevallen door graaf Alier. Yvain neemt de wapens op, verslaat hem en vertrekt. Onderweg redt hij een leeuw van een slang, en het dier besluit zijn reisgenoot te worden.

Op de open plek betreurt Yvain de slechte beslissingen die hij heeft genomen en valt, na zichzelf herhaaldelijk verwijten te hebben gemaakt, bewusteloos neer. Zijn zwaard valt in zijn schede en verwondt hem. De leeuw, die het bloed van zijn meester ziet, grijpt het wapen en wil zelfmoord plegen. Maar Yvain komt uiteindelijk bij, en de leeuw bedenkt zich. De klaagzang van de ridder wordt gehoord door Lunete, die niet ver weg is opgesloten nadat ze de schuld heeft gekregen van Yvains minachting voor zijn vrouw. Ze is veroordeeld tot de dood op de brandstapel. Ze vraagt hem om hulp, want de enige manier om haar straf te ontlopen is een ridder te vinden die haar kan verdedigen tegen drie van haar beschuldigers. Yvain stemt ermee in haar te helpen. Hij brengt de nacht door in het kasteel van een heer die hem eervol ontvangt, ondanks het ongeluk dat hem weldra te wachten staat: een reus met de naam Harpin van de Berg zal de volgende dag zijn vier zonen komen doden als hij hem zijn dochter niet geeft. Yvain, die zich de Ridder met de Leeuw noemt, gaat de confrontatie aan en doodt de reus met behulp van zijn beest. Vervolgens redt hij Lunete op het nippertje van de brandstapel door de drie mensen te verslaan die haar ten onrechte hebben beschuldigd. Zijn werk gedaan, vertrekt hij weer.

Hij raakt ernstig gewond door de strijd, en wordt genezen door de dochters van de heer van de Noire Espine, die hem in huis neemt. Wanneer de heer sterft, probeert de oudste dochter de erfenis van haar jongere zus te stelen. De ruzie wordt naar koning Arthur gebracht. Nadat Arthur ontdekt dat de oudere zus erin geslaagd is de steun van Gawain te verkrijgen, smeekt hij de jongere vrouw om binnen 40 dagen iemand te vinden die haar kan verdedigen. Ze vertrekt daarom op zoek naar iemand die de Ridder met de Leeuw wordt genoemd. Ze vindt hem dankzij Lunette en weet hem te overtuigen haar te helpen, en de twee gaan op weg naar Arthurs hof. Onderweg schuilen ze voor de nacht in het kasteel van Pesme Avanture. Yvain en de zuster ontdekken honderden meisjes die worden uitgebuit door twee duivelse duivels. Ze zitten gevangen in het kasteel, en worden alleen gered dankzij de moed van de ridder, die het duivelse paar vernietigt. De deadline van de ruzie nadert snel, Yvain en de jongste zus rijden snel naar het kasteel van Koning Arthur.

Eenmaal aangekomen, presenteren de twee zusters beiden hun zaak. Er ontstaat een gevecht tussen Gawain en Yvain dat tot de schemering duurt, zonder dat er een winnaar uit de bus komt. Nadat het duel is beëindigd, dwingt Arthur de oudere zus om het deel van de erfenis waar haar broer en zus recht op hebben, terug te geven.

Een paar dagen later gaat Yvain naar de kokende fontein en veroorzaakt een storm. Laudine de Landuc denkt dat het gedaan is met haar, aangezien haar kasteel niet langer beschermd wordt, maar Lunete weet het koppel te verzoenen dankzij haar snelle denkvermogen. De twee beginnen weer samen te leven.

KARAKTERSTUDIE

YVAIN

Yvain is de hoofdpersoon van de roman en wordt door Chrétien geïntroduceerd als een dappere en hoffelijke ridder uit het hof van koning Arthur. Hij is de zoon van koning Urien en de neef van Calogrenant, die hem inspireerde om zijn zoektocht te beginnen.

Vanaf de eerste bladzijden van het verhaal wordt duidelijk dat Yvain een zeer koppig personage is: hij is zo gefocust op het uitvoeren van zijn taak dat hij elk vermogen tot nadenken verliest (de auteur beschrijft hem zelfs als een "gek", p. 36) en door zijn tegenstander in de val wordt gelokt. Maar zelfs als hij gevangen en bang is, is zijn enige wens zijn vijand op te sporen. Deze koppigheid blijkt ook uit zijn eerste ontmoeting met Laudine de Landuc: de ridder wordt verliefd op haar en verklaart dat hij bereid is alles te doen voor haar liefde.

Door zijn waanzin en het verlies van zijn vrouw verandert hij geleidelijk aan van houding: hij wordt melancholiek en altruïstisch. Yvain, die zich de "Ridder met de Leeuw" noemt om zijn identiteit en schaamte te verbergen, begint de weg van de verlossing, ingegeven door de leeuw, die zijn symbool wordt: we zien hem vervolgens veel mensen in nood te hulp schieten, en hij aarzelt nooit om andere zoektochten te aanvaarden, ook al leiden die hem af van de zoektocht waarop hij zich richt (bijvoorbeeld de episodes van Harpin van de Berg en van het kasteel van Pesme Avanture). Hij wordt echter gekweld door de herinnering aan zijn mislukking, en weigert systematisch elke vorm van erkenning en glorie ("Ik zou niet durven, totdat ik zeker wist dat ik de welwillendheid van mijn vrouwe had herwonnen", blz. 55).

Het is echter zijn dapperheid gekoppeld aan zijn nederigheid die hem in staat stelt het hart van zijn geliefde terug te winnen en de perfecte ridder te worden.

DE LAUDINE DE LANDUC

De Laudine de Landuc is oorspronkelijk de vrouw van de beschermer van de fontein, die door Yvain wordt vermoord. Zij is een voorbeeld van de romantische belangstelling die in de romans van Chrétien gebruikelijk is: in de regel is dit personage een hooggeplaatste vrouw die, hoewel eerst onbereikbaar, wordt verleid door de ridderlijke dapperheid van de hoofdpersoon en ermee instemt met hem te trouwen.

Eén eigenschap onderscheidt haar echter van dit stereotype: haar besluiteloosheid. Haar twee beslissingen over Yvain, de eerste over het huwelijk en de tweede over zijn terugkeer, neemt ze namelijk niet geheel zelfstandig. Hoewel ze neigt naar weigering, verandert ze onder druk of door de sluwheid van Lunete uiteindelijk altijd volledig van mening. Een ander voorbeeld van haar onvermogen om beslissingen te nemen is te zien wanneer Yvain voor de laatste keer naar de fontein komt: terwijl de dame klaagt over wat volgens haar haar einde is, laat Lunete haar zien dat ze eigenlijk niets te vrezen heeft.

Zij is dus een personage dat geen controle heeft over de gebeurtenissen, maar er gewoon door wordt beïnvloed.

LUNETE

Lunete is de bediende van Laudine de Landuc en fungeert als tussenpersoon tussen de held en de verschillende personages in het verhaal:

- Zij dient als tussenpersoon voor de held en de vijandige omgeving van het kasteel waarin hij gevangen zit. Ze redt hem door hem haar magische ring te geven, voedt hem, wast hem, kleedt hem aan, enzovoort.

- Haar sluwheid is de reden dat Yvain en Laudine de Landuc elkaar ontmoeten en verliefd worden.

- Dankzij haar waardevolle raad weet de jongere dochter van de Noire Espine Yvain op tijd te vinden om hem naar Arthur te brengen.

- Uiteindelijk zorgt zij en haar sluwheid ervoor dat de Ridder met de Leeuw en de Laudine de Landuc zich kunnen verzoenen.

DE LEEUW

De leeuw is een belangrijk personage; hij is de "symbolische kern van de roman". Nadat hij door Yvain is gered tijdens een hevige strijd tegen een vuurspuwende slang, blijft de leeuw aan de zijde van de ridder staan. Er ontstaat dan een zeer sterke relatie tussen de twee hoofdpersonen: de twee vechten nu alleen nog aan elkaars zijde en de een redt steeds het leven van de ander. Yvain wordt onoverwinnelijk en verslaat elke tegenstander die hij tegenkomt dankzij het beest. De leeuw helpt hem zijn waanzin te genezen en de weg te vinden naar glorie, eer, vergeving en echtelijke liefde. Met hem aan zijn zijde wordt Yvain de Ridder met de Leeuw en wint hij geleidelijk zijn menselijkheid terug. De leeuw symboliseert moed, adel en kracht en brengt deze kwaliteiten over op de ridder tijdens de gevechten die zij samen aangaan.

Hij laat echter ook de zwakheden van Yvain zien, want de ridder lijkt niet in staat gevechten te winnen zonder de hulp van zijn partner. De enige strijd die Yvain voert zonder de leeuw is die tegen Gawain – omdat hij gaat vechten zonder zijn vriend te wekken, die in een diepe slaap is – die geen winnaar kent. Maar zonder Yvain had de leeuw de slang misschien niet verslagen. Deze twee personages zijn dus nauw met elkaar verbonden en kunnen zich zonder elkaar niet positief ontwikkelen in hun universum.

ANALYSE

DE MIDDELEEUWSE ROMAN

Tegenwoordig is het gemakkelijk om versies van de romans van Chrétien de Troyes in proza te vinden, soms vereenvoudigd of ingekort. We mogen echter niet vergeten dat de huidige edities van de werken van de auteur niet meer zijn dan aanpassingen aan onze leesgewoonten.

In de Middeleeuwen werden romans geschreven in verzen, meestal in octosyllaben (een regel met acht lettergrepen). De reden hiervoor was vooral het gebrek aan stillezen in die tijd: romans waren dus bedoeld om voorgelezen te worden aan een luisteraar of publiek. In dit verband zijn de verzen zeer nuttig, omdat zij het de lezer gemakkelijker maken de tekst te onthouden dankzij het veelvuldig gebruik van rijmen.

BRITTANY

Chrétien laat zich voor zijn boeken inspireren door de Matter of Britain.

Oorsprong

De Matter of Britain is een verzameling verhalen en legenden van Keltische oorsprong die aanvankelijk mondeling werden overgeleverd. In deze verhalen ontmoeten we personages en ontdekken we plaatsen die vandaag deel zijn gaan uitmaken van de populaire cultuur, zoals Koning Arthur, de Ridders van de Ronde Tafel, het woud van Broceliande, Merlijn de Tovenaar en het echtpaar Tristan en Iseut.

Deze poel van verhalen had een bijzonder belang aan het hof van het Huis Plantagenet in Anjou in de 12e eeuw. Koning Hendrik II (1519-1559) verkreeg namelijk naast Engeland ook de soevereiniteit over het westen van Frankrijk, die hij al had dankzij zijn huwelijk met Eleonora van Aquitanië (1122-1204). Daarmee regeerde hij over een groter gebied dan de koning van Frankrijk. Toch overtrof de koning van Frankrijk hem qua erfgoed, omdat hij beweerde af te stammen van Karel de Grote (koning der Franken, 742/747-814). Bijgevolg is de viering van Arthur in de literatuur in het land dat het Huis Plantagenet bezat, waarschijnlijk omdat Hendrik II zijn dynastie wilde verrijken met een even indrukwekkende mythologische oorsprong.

Arthuriaanse overlevering in verzen

Het Arthuriaanse universum was een veelvoorkomend thema in de middeleeuwse literatuur van het einde van de 12e eeuw en het begin van de 13e eeuw. Er zijn verschillende terugkerende elementen in romans uit deze tijd:

- **Een vaste plaats en tijd**. De handeling speelt zich altijd af ergens in het zuiden van Groot-Brittannië, waar zich doorgaans steden, kastelen, bossen en heidevelden bevinden. Tijdelijk gezien leven de personages altijd in dezelfde periode: de welvarende 12e eeuw.

- **Duidelijk gedefinieerde personages**. De lezer wordt altijd geïntroduceerd aan het hof van Arthur, waarin een beperkt aantal personages met duidelijk omschreven karakters en relaties samenkomen. Dit zijn meestal Koning Arthur, Koningin Guinevere, Seneschal Kay en Gawain, de neef van de koning.

- **De centrale plaats van Arthur**. De koning speelt een centrale rol in het verhaal, ook al maakt hij er niet echt deel van uit, zoals het geval is in *Ywein, de ridder met de leeuw*. Arthur is namelijk het centrum van het hof, waar de held altijd naar terugkeert. Chrétien stelt de koning en zijn koningin nooit formeel voor, omdat het personages zijn die iedereen al kent.

- **Een anti-historisch element**. De Arthurverhalen hebben geen echte band met de geschiedenis, aangezien de personages vastzitten in een tijdsbestek dat uniek is voor het verhaal. Bovendien, ook al is er een chronologie van de gebeurtenissen, de tijd verandert niets, en de personages hebben geen herinnering aan wat ze van het ene verhaal op het andere hebben meegemaakt.

Tegen deze achtergrond plaatst Chrétien zijn verhalen.

Chrétien's unieke stijl

Chrétien mag dan wel inspiratie putten uit de Matter of Britain en zijn verhalen in de Arthurlegende plaatsen, maar waarin verschilt hij van andere auteurs uit die tijd?

Ten eerste creëert Chrétien een samenhangend fictief universum dat alle eerder genoemde kenmerken omvat. Daardoor zijn al zijn personages weliswaar goed gedefinieerd, maar hij geeft ze ook heel bijzondere eigenschappen mee die in al zijn romans herhaaldelijk voorkomen: zo weet de verraderlijke senator Kay niet van ophouden. De auteurs die na Chrétien zijn gekomen, hebben deze kenmerken overgenomen, waardoor zijn werk model staat voor de daaropvolgende.

Vervolgens zijn de romans van Chrétien, in tegenstelling tot zijn voorgangers die de geschiedenis tot thema van hun werk maakten, opgebouwd rond één personage, de held van het verhaal (in dit geval Yvain). *Perceval, of Het verhaal van de graal* is de uitzondering op deze regel, omdat de auteur zich concentreert op de verhalen van Perceval en Gawain. Daardoor maakt Chrétien "geen aanspraak op het vertellen van het verhaal over de heerschappij van Arthur [...] Elk specifiek verhaal wordt gepresenteerd als een fragment van een geheel, als één onderdeel van een uitgebreid verhaal waarvan elke lezer geacht wordt de impliciete continuïteit te begrijpen" (Zink, 2014: 142). Er wordt dus verondersteld dat de lezer het verhaal van Arthur kent, aangezien het niet aan ons wordt voorgesteld en dus geen belang heeft in het verhaal.

Ten slotte speelt de liefde in alle romans van Chrétien een belangrijke en soms zelfs essentiële rol. Dit is het geval met Yvain en zijn dame, want door zijn belofte niet na te komen, breekt de ridder het hart van zijn geliefde en probeert hij het vervolgens terug te winnen door een held te worden die die naam waardig is. De liefde is dus een van de oorzaken van Yvains ongeluk en ook een van zijn doelen: zij speelt een belangrijke rol in het verhaal.

Chrétien exploiteert de Matter of Britain en het reeds bestaande Arthuriaanse universum, geeft ze een nobel aspect en draagt bij aan hun nageslacht.

DE CANONIEKE STRUCTUUR EN HET VERLOOP VAN EEN ROMAN VAN CHRÉTIEN DE TROYES

Zoals de auteur zelf toegeeft, ligt de ware originaliteit van zijn romans in wat hij "de flow" noemt, dat wil zeggen de manier waarop hij het verhaal vertelt. De inhoud zelf heeft voor hem geen waarde, want die komt ofwel voort uit wat zijn opdrachtgevers willen, ofwel uit een overvloed aan reeds bestaand materiaal.

Als we het verloop van de gebeurtenissen in de verschillende romans van Chrétien nader bekijken, wordt duidelijk dat ze bijna allemaal op dezelfde manier zijn opgebouwd en in zes fasen kunnen worden onderverdeeld:

- **De zoektocht**. Meestal is de zoektocht naar een voorwerp, persoon of wonder. In *Ywein, de ridder met de leeuw*, is de zoektocht van de ridder om de beschermer van de kokende fontein te vinden om zijn neef te wreken.

- **De ontdekking van iets wonderbaarlijks**. Dit voorwerp kan allerlei verschijningsvormen hebben en is vaak magisch. De kokende fontein en de storm die hij veroorzaakt zijn de wonderlijke zaken van dit verhaal.

- **De liefde voor een dame**. Zoals reeds gezegd, betreft deze liefde vaak een vrouw van adellijke afkomst, die de ridder met zijn dapperheid weet te verleiden. In *Ywein, de ridder met de leeuw, is* het de reputatie van Yvain, die Lunete met veel moeite benadrukt, die ervoor zorgt dat Laudine de Landuc voor hem valt.

- **De beschuldiging van een gebrek aan moed**. In de roman wordt de hoofdpersoon bekritiseerd omdat hij sinds zijn huwelijk het grootste deel van zijn tijd aan zijn vrouw besteedt in plaats van aan zijn ridderlijke plichten. Gawain verwijt hem dit zelfs openlijk: "Wat? Word jij een van die […] die ontaarden na het huwelijk?" (p. 32).

- **De realisatie van daden van moed en dapperheid**. Om aan de kritiek op hem tegemoet te komen, reist de held de wereld rond en volbrengt hij vele daden om zijn moed te bewijzen. Zo vertrekt *Ywein, de ridder met de leeuw,* voor een jaar met Gawain om zijn waarde te bewijzen in een toernooi.

- **Verzoening en terugkeer naar de kudde**. Zodra de hoofdpersoon zijn moed heeft getoond, keert hij terug naar zijn geliefde en leven de twee nog lang en gelukkig. In *Ywein, de ridder met de leeuw*, verzoent Yvain zich pas met zijn vrouw nadat hij zijn verlossende daden heeft verricht.

DE THEMA'S VAN *YWEIN, DE RIDDER MET DE LEEUW*

Zoals uit het canonieke overzicht van de romans van Chrétien blijkt, is elk van zijn verhalen gebaseerd op de tegenstelling tussen eer en liefde, met als doel te bewijzen dat het mogelijk is een evenwicht tussen beide te vinden.

Eer

In de Middeleeuwen was het begrip eer nauw verbonden met de verwezenlijking van heldendaden. De ridder kan immers alleen het respect van zijn gelijken winnen door glorieuze prestaties te leveren. Het is met dit in het achterhoofd dat we het voortdurende verlangen van ridders om op queeste te gaan moeten begrijpen: vaker wel dan niet proberen ze de confrontatie aan te gaan met het buitengewone om hun waarde voor het hof te bewijzen.

In *Ywein, de ridder met de leeuw* voegt Chrétien een nieuwe dimensie toe aan eer: altruïsme. Hierdoor voert de fictieve ridder nu niet langer alleen daden van dapperheid uit om zijn moed te bewijzen, maar komt hij ook vrijwillig tussenbeide om mensen in nood te helpen.

Liefde

Chrétien presenteert in zijn romans een zeer vernieuwende visie op de liefde. Deze verschilt aanzienlijk van het concept van hoofse liefde dat voorheen de boventoon voerde.

Hoofse liefde is een veel voorkomend thema in de poëzie, en is gebaseerd op de onmogelijkheid van een huwelijk tussen een man en zijn geliefde omdat zij een hogere rang heeft dan hij. Deze situatie bezorgt beide personen veel leed. Soms kan de liefde fysiek worden, maar alleen door overspel, wat de auteur afkeurt.

Chrétien bouwt zijn concept van liefde op de mogelijkheid van een dergelijk huwelijk als aan twee voorwaarden wordt voldaan:

• moet de ridder het hart van zijn geliefde winnen door dapperheid;

• na het huwelijk moet de ridder zijn ridderlijke reputatie hoog houden door nieuwe daden van dapperheid te verrichten, zodat zijn liefde geen afbreuk doet aan zijn dapperheid.

Het samenkomen van deze twee elementen, eer en liefde, stelt de hoofdpersoon in staat een perfecte ridder te worden.

De ridder-errant

Zoals Michel Zink zegt: "de eenzame figuur van de ridder-errant, die Chrétien praktisch uit het niets heeft bedacht, is de manifestatie van de inzet in zijn romans" (Zink: 143). In *Ywein, de ridder met de leeuw* belichaamt Yvain deze figuur van de ridder-errant, die drie verschillende zoektochten onderneemt:

- **De zoektocht naar identiteit**. Yvain meende te weten wie hij was, totdat hij zijn belofte niet nakwam en werd verteerd door waanzin, wat kan worden vergeleken met een identiteitscrisis. Dankzij zijn ontmoeting met de leeuw kan hij eindelijk zijn hoofd hoog houden en bevestigen dat hij de Ridder met de Leeuw is. De avonturen die hij beleeft, met zijn metgezel aan zijn zijde, stellen hem ook in staat zichzelf te ontdekken.

- **De zoektocht naar liefde**. Na het verliezen van de liefde van zijn dame, wordt de ridder gek. Hij geloofde dat hij de perfecte ridder was, maar hij kon zelfs zijn vrouw niet behouden. Hij trotseert allerlei gevaren om zijn waarde te bewijzen en zijn verloren liefde terug te winnen.

- **De zoektocht naar de ander**. Yvain ontdekt tijdens zijn avonturen ook andere mensen. Hij confronteert vijanden, schiet slachtoffers te hulp en wordt zich bewust van het bestaan van anderen.

Chrétiens idee van de ridder is dus iemand die verre van volmaakt is, een man die door deze drie zoektochten zijn zwakheden moet overwinnen om de geroemde volmaakte ridder te worden.

DE PRACHTIGE

Het wonderbaarlijke is een terugkerend element in de Arthuriaanse roman, in welke vorm dan ook. Het woord "wonder" komt van het Franse woord "merveille", dat op zijn beurt afkomstig is van het Latijnse woord "mirabilia". Mirabilia' betekent 'de blik': een wonder is dus iets dat verwondert, dat in het oog springt, dat bewonderens-waardig is.

In middeleeuwse verhalen is de term 'marvel' of 'marvellous' meestal een teken dat het verhaal een fantastisch element bevat. De lezer wordt dus geconfronteerd met iets bovennatuurlijks. Door de ring die Lunete aan Yvain geeft om hem onzichtbaar te maken voor zijn vijanden, introduceert Chrétien een wonderlijk element in zijn tekst.

Het wonderlijke element mag echter niet verward worden met het wonder, een andere uiting van het bovennatuurlijke. Immers, wanneer de gebeurtenis van goddelijke oorsprong is, is het niet langer een wonder, maar een wonder. Dit soort bovennatuurlijke elementen komt ook voor in middeleeuwse teksten. Wonderen zijn zeer zeldzaam in middeleeuwse werken: ze komen het vaakst voor in het middeleeuwse religieuze theater, wanneer bijvoorbeeld een heilige met de naam Barbe de muur van zijn kasteel in tweeën splitst met een gebed (*Le Mystère de sainte Barbe en cinq journées*).

Het wonderlijke element pretendeert dus niet van goddelijke oorsprong te zijn – het heeft heidense wortels. Dit is met name het geval bij de magische ring, een terugkerend thema in de literatuur, dat ook door J. R. R. Tolkien (1892-1973) wordt gebruikt in zijn *Lord of the Rings* trilogie.

EEN BEPAALDE SCHRIJFSTIJL

De werken van Chrétien hebben een unieke stijl en toon.

De auteur kiest in zijn teksten soms voor een lichte, humoristische toon, wat blijkt uit een zekere relativering van het verhaal. Daardoor komen zijn personages soms in situaties terecht waarin ze een onverwachte of al te voorspelbare houding aannemen. Chrétien aarzelt niet om terzijdes te gebruiken of de verteller bepaalde negatieve aspecten van het personage in kwestie te laten becommentariëren. Dit is vooral merkbaar in de scène met de zelfmoordpoging van de leeuw, wanneer de auteur zegt: "Je hebt nog nooit een groter verdriet horen vertellen of verteld over iets dan hij nu begon te tonen" (p. 43). Gezien de ontreddering van de leeuw door een eenvoudig misverstand, zonder zelfs maar na te gaan of zijn meester wel degelijk dood is, kunnen we aannemen dat Chrétien op subtiele wijze de spot drijft met de overdreven reactie van zijn personage door de lezer op een licht humoristische toon aan te spreken. Hij benadrukt het zogenaamd opmerkelijke karakter van deze emotionele scène, die eigenlijk nogal belachelijk is. Een ander, meer expliciet voorbeeld is wanneer Yvain de ridder van de fontein achtervolgt nadat hij hem dodelijk heeft verwond: "Dwars door het precies haastte de ridder zich voort, met mijn heer Yvain waanzinnig achter hem aan, en zo dicht bij hem dat hij hem bij de zadelboog achter zich hield. Het was goed voor hem dat hij naar voren was gestrekt, want zonder dit geluk was hij er helemaal doorheen gesneden" (blz. 15). We merken op dat Chrétien zijn held vergelijkt met een gek, die toevallig geluk heeft. Hij benadrukt daarmee de zeer voorspelbare eigenschap van de ridder die zich zonder nadenken in elk avontuur stort. Door deze weinig vliende vergelijking becommentarieert de verteller dus een negatief aspect van de ridder die zonder nadenken in actie komt.

De stijl van Chrétien valt ook op door het feit dat hij de eerste schrijver is die de eenheid van het octosyllabische couplet (aa, bb, cc, enzovoort), de standaard in het toenmalige vers, niet respecteert: de betekenis van de zin gaat dus verder dan de twee versregels. Bijvoorbeeld: "toen de nacht aanbrak, en de tijd voor het avondeten was aangebroken. De vavasor kwam mij zoeken" (blz. 7). We zien dat het idee van de zin niet stopt bij de eerste twee regels die in het Oudfrans het octosyllabische couplet vormen, maar doorloopt naar de derde. Deze breuk komt vaak voor in *Ywein, de ridder met de leeuw*, en geeft de lezer het gevoel een tekst te lezen die op een meer natuurlijke manier is geschreven.

Al deze bijzonderheden maken Chrétien tot een van de grootste Franse auteurs van de Middeleeuwen.

VERDERE REFLECTIE

ENKELE VRAGEN OM OVER NA TE DENKEN...

- Vergelijk Laudine de Landuc met de romantische belangen in andere boeken van Chrétien. Welke overeenkomsten en verschillen kun je ontdekken?

- Hoe schildert Chrétien in het algemeen de liefde in zijn werken?

- Is Yvain in de ogen van Chrétien een perfecte ridder? Motiveer uw antwoord.

- Vergelijk de manier waarop "heroïsche" kenmerken in de loop der eeuwen zijn veranderd. Baseer je antwoord op voorbeelden uit de literatuur.

- Verklaar de titel van de roman, *Ywein, de ridder met de leeuw*. Wat is de rol van de leeuw en waar staat hij voor?

- Geef voorbeelden van personages of plaatsen uit de Matter of Britain die nu deel uitmaken van de populaire cultuur.

- De werken van Chrétien volgen bijna altijd hetzelfde patroon. Beschrijf dit patroon en baseer je antwoord op voorbeelden uit het boek.

- De plots in de boeken van Chrétien zijn altijd gebaseerd op de tegenstelling tussen eer en liefde. Kent u andere auteurs die deze waarden tegenover elkaar stellen? Behandelen zij ze op dezelfde manier als Chrétien?

- Hoe verschilt Chrétien's visie op liefde van de hoofse liefde?

- Het universum van de Ridders van de Ronde Tafel is tegenwoordig razend populair, getuige het grote aantal films dat zich in deze wereld afspeelt. Hoe komt dat volgens u?

VERDER LEZEN

REFERENTIE-UITGAVE

Chrétien de Troyes (1914) *Ywein, de ridder met de leeuw*. Trans. Comfort, W.W. Londen: Everyman's Library.

REFERENTIESTUDIES

Burgess, G. S. en Pratt, R. (2009) *De Arthur van de Fransen: The Arthurian Legend in Medieval French and Occitan Literature (Arthurian Literature in the Middle Ages)*. Cardiff: University of Wales Press.

Gray, M. (1992*) A Dictionary of Literary Terms (York Handbooks)*. 2nd ed. Londen: Longman.

Lacy, N. J. en Grimbert, J. T. eds. (2008) *A Companion to Chrétien de Troyes (Arthurian Studies)*. Herdruk ed. Woodbridge: D. S. Brewer.

McGuinness, P. (2017) *French Poetry: From Medieval to Modern Times (Everyman's Library Pocket Poets)*. Londen: Everyman's Library.

Schultz, J. A. (2006) *Courtly Love, the Love of Courtliness, and the History of Sexuality*. Chicago: University of Chicago Press.

Zink, M. (2014) *La littérature française du Moyen Âge*. Parijs: Presses Universitaires de France.

*We horen graag van jou! Laat
een reactie achter op jouw online bibliotheek
en deel je favoriete boeken op social media!*

Waarom kiezen voor Must Read?

Kom alles te weten over een boek met onze beknopte en diepgaande samenvattingen en analyses!

Ontdek het beste uit de literatuur in een compleet nieuw licht!

www.50minutes.com

De uitgever garandeert de betrouwbaarheid van de gepubliceerde informatie, die echter niet onder zijn verantwoordelijkheid valt.

www.50minutes.com

Master ISBN: 9782808688086
Papier ISBN: 9782808699488
Wettelijk depot: D/2023/12603/1228

Omslag: © Primento

Digitaal ontwerp: Primento, de digitale partner van uitgevers.